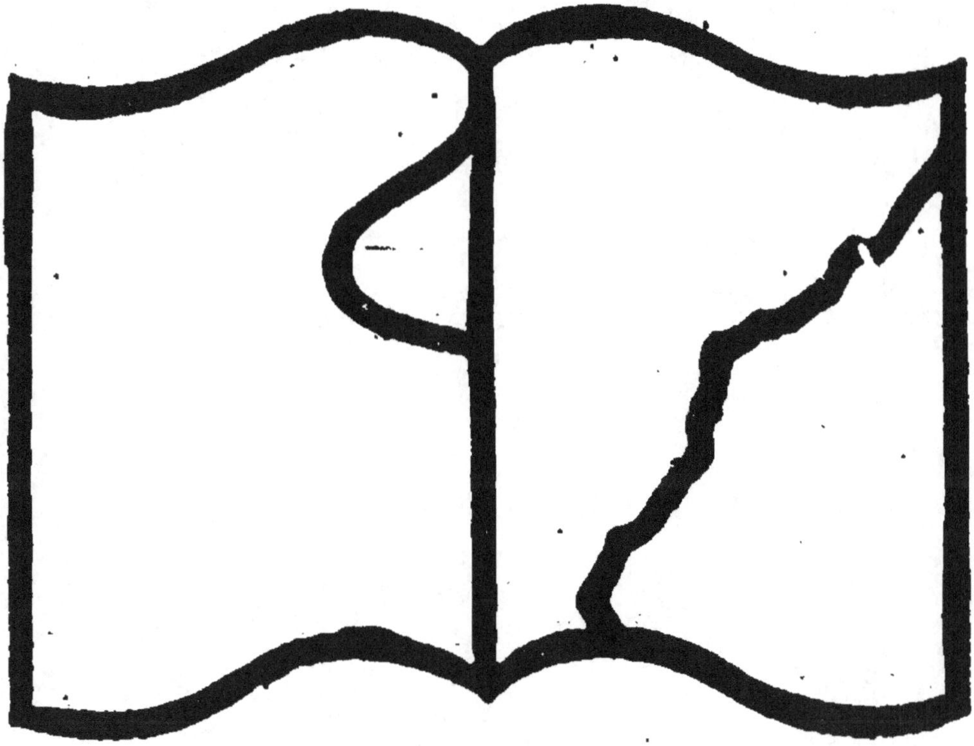

Texte détérioré — reliure défectueuse
NF Z 43-120-11

P. LEBUCHEUR

GUIDE

DU

CERTIFICAT D'ÉTUDES

PRIMAIRES ÉLÉMENTAIRES

80 EXAMENS

LIVRE DU MAITRE

- **80** Développements des sujets de **Rédaction**, d'**Histoire** et **Géographie**, **Agriculture**, **Vie maritime**.
- **80** Textes des épreuves d'**Orthographe**, suivis des réponses aux questions sur le texte.
- **80** Solutions des problèmes d'**Arithmétique**.
- **80** **Épreuves orales** avec les réponses aux questions des diverses matières, dont 80 de **Calcul mental**.
- **80** Textes de **Lecture expressive** et **Récitation**, avec réponses aux questions du livre de l'élève.
- **34** **Morceaux choisis** pouvant servir de textes de récitation.
- **28** Réponses aux sujets de **Vie ménagère**.
- **80** Épreuves de **Dessin**, composées spécialement par M. E. Forel.
- **40** Épreuves de **Gymnastique**, avec figures explicatives des mouvements.

PARIS

LIBRAIRIE HATIER

8, RUE D'ASSAS, 8

PRÉFACE

Dans le Guide de l'Élève, nous disions : l'auteur a tenu à venir en aide aux Maîtres et aux élèves.

Il a tenu parole dans ce Livre du Maître où l'on pourra trouver tous les développements, textes, réponses aux diverses questions des 80 examens du Livre de l'Élève, épreuves écrites et épreuves orales.

Pour rendre ce livre encore plus pratique, pour faciliter la tâche du maître, nous avons demandé à un professeur expérimenté de vouloir bien interpréter les épreuves de dessin, ainsi que les exercices de gymnastique.

Nous croyons fermement que ces illustrations, rendant le texte plus intelligible, seront très appréciées des maîtres et maîtresses et qu'ils nous sauront gré de les avoir introduites dans cet ouvrage.

Nous attendons avec confiance leur opinion, en les priant de ne pas hésiter à nous indiquer les améliorations qu'ils désireraient voir apporter à ce travail.

CONSEILS PRATIQUES

ÉPREUVES ÉCRITES

I. *Rédaction*. — Il est banal, et pourtant toujours nécessaire, de recommander aux candidats d'établir d'abord un plan rigoureux de leur composition française. Comme, ici, nous nous adressons à des enfants de douze ans, nous ajouterons qu'il est indispensable que leur rédaction soit bien écrite et bien ponctuée; sans ces conditions, l'examinateur est mal impressionné, quelle que soit la valeur de la copie. Bien entendu, il faudra aussi soigner l'orthographe, puisque l'arrêté ministériel prescrit de diminuer les notes des compositions écrites mal orthographiées.

II. *Orthographe*. — La dictée doit être écrite sans hâte, avec le souci d'éviter toutes les fautes d'inattention. On répondra aux questions d'une façon ni trop brève, ni trop longue, mais on se donnera la peine d'expliquer suffisamment les mots ou les membres de phrase, si les questions le comportent.

III. *Arithmétique*. — Les problèmes seront particulièrement soignés en ce qui concerne le raisonnement. Toutes les opérations doivent figurer sur la copie, et nous conseillons aux candidats d'en faire la preuve. N'oublions pas aussi de faire des chiffres clairs et de bien disposer les calculs.

IV. *Agriculture, Histoire, Vie ménagère*. — Cette quatrième épreuve nécessitera une forme impeccable d'exposition. Ce sera presque une petite rédaction. Il est donc indispensable que les phrases soient bien claires et bien construites. Évidemment, si l'élève sait son sujet, l'expression suivra, mais, néanmoins, il importe de soigner ses phrases.

V. *Couture, Dessin*. — Il semble superflu de recommander le plus grand soin matériel à cette épreuve spéciale. Nous n'y insisterons pas. C'est pour cette raison, qu'aux indications sur la couture, nous avons joint les exercices de dessin si nombreux et si variés qui illustrent ce livre et le rendent des plus utiles et des plus pratiques.

ÉPREUVES ORALES

I. *Histoire et Géographie, Vie ménagère*, etc. — Il s'agit ici de questions simples et courtes, auxquelles les candidats ou candidates auront à répondre. Le premier conseil qu'on peut leur donner, c'est de répondre d'une voix claire et distincte, de manière à ne pas faire répéter la question. Nous leur dirons aussi de ne pas essayer de répondre à côté, lorsqu'ils ignoreront la réponse. Il vaut encore mieux ne rien dire que d'énoncer des erreurs.

II et III. *Lecture expressive et récitation*. — Il s'agit d'une lecture *expressive*, c'est-à-dire d'un texte lu avec l'expression qu'il comporte. On veut ainsi que l'examinateur soit assuré que le candidat comprend ce qu'il lit et qu'il en sent la beauté. Naturellement la lecture et la récitation nécessitent un débit clair et bien net.

IV. — L'épreuve de calcul mental obligera tous les candidats à s'exercer longtemps, avant l'examen, à résoudre beaucoup de ces questions. C'est une adaptation à acquérir, et elle ne s'acquerra que par l'habitude et par la connaissance des principes qui sont la base du calcul mental.

V. *Gymnastique*. — Pour cette épreuve, sur les indications d'un professeur spécial, nous avons fait composer 40 examens conformes au *Manuel des exercices physiques*, édité sous les auspices du Ministère de l'Instruction publique.

Pour nous résumer, disons que les épreuves du C. E. P. E. offrent une telle variété, touchent à tant de matières diverses, qu'il est absolument indispensable aux candidats d'éviter d'être nul sur l'une quelconque de ces matières. Ils devront donc les étudier toutes d'une manière égale, de manière à se présenter avec un ensemble moyen des connaissances nécessaires.

Dessin à vue. — (Cahier n° 10.)

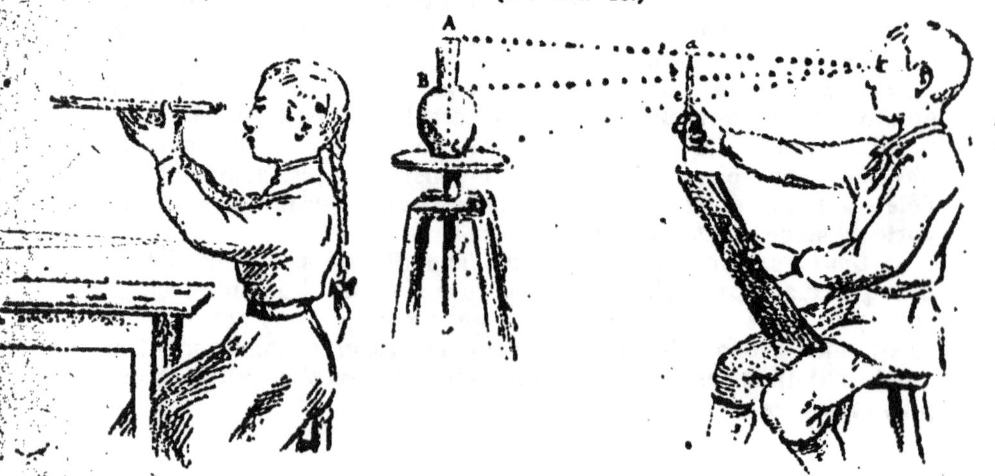

Comment on trouve l'horizon.   Comment on mesure les proportions du modèle.

DOCUMENTS OFFICIELS

Arrêté modifiant les articles 254 à 260 de l'arrêté du 18 janvier 1887 relatifs à l'examen du certificat d'études primaires élémentaires (19 juillet 1917).

Le Ministre de l'Instruction publique et des Beaux-Arts,
Vu la loi du 28 mars 1882 modifiée par la loi du 11 janvier 1910;
Vu le décret du 18 janvier 1887;
Vu l'arrêté du 18 janvier 1887 et les modifications ultérieures apportées aux articles 256, 257, 259 et 260 dudit arrêté;
Vu l'arrêté du 20 septembre 1898;
Le Conseil supérieur de l'Instruction publique entendu.

Arrête :

Art. 1er. — Les articles 254 à 260 de l'arrêté du 18 janvier 1887 relatifs au certificat d'études primaires élémentaires sont modifiés ainsi qu'il suit :

Art. 254. — Vers la fin de chaque année scolaire, une session d'examen du certificat d'études primaires élémentaires est ouverte dans tous les départements.

A l'époque et dans les délais prescrits par l'Inspecteur d'académie, chaque instituteur dresse, pour son école, l'état des candidats. Cet état porte :

Les noms et prénoms;
La date et le lieu de naissance;
La demeure de la famille;
La signature de chaque candidat.

Les pères de famille dont les enfants ne suivent aucune école fourniront aux maires les mêmes indications.

La liste des candidats de chaque commune, visée et certifiée par le maire, est transmise en temps opportun à l'inspecteur primaire.

Celui-ci inscrit, en vue de l'examen, les enfants de sa circonscription qui réunissent les conditions réglementaires.

Art. 255. — Chaque chef-lieu de canton est le siège d'une Commission d'examen; mais une Commission ne peut avoir à juger plus de cinquante candidats, et lorsque ce nombre est dépassé dans un canton, il est institué d'autres Commissions, qui siègent soit au chef-lieu, soit dans des communes désignées par l'Inspecteur d'académie.

Les Commissions sont nommées par les Recteurs, sur la proposition des Inspecteurs d'académie.

Chaque Commission comprend :

1° Un président, qui peut être soit l'Inspecteur d'académie, soit l'inspecteur primaire de la circonscription, soit le directeur (ou la directrice) de l'école normale;

2° Un vice-président, choisi parmi les professeurs des écoles normales, les directeurs, directrices et professeurs des écoles primaires supérieures, les directeurs et directrices d'école avec cours complémentaire ou cours supérieur, les instituteurs et institutrices chargés de cours complémentaires;

3° Des Sous-Commissions composées chacune de deux membres, dont l'un au moins est un instituteur (où une institutrice) public, chargé d'un cours moyen ou d'un cours supérieur, et dont l'autre peut être soit un membre ou un ancien membre de l'enseignement public ou privé, soit un délégué cantonal.

Les Sous-Commissions sont constituées de telle manière que, s des maîtres en exercice dans un canton sont appelés à siéger dans les jurys d'un autre canton, les maîtres en exercice dans ce dernier canton ne puissent pas figurer dans les jurys du premier.

Pour l'examen des jeunes filles, des dames font nécessairement partie de la Commission.

Art. 256. — Les épreuves sont divisées en deux séries.

Les épreuves de la première série comprennent :

1° Une rédaction sur un sujet simple, emprunté à la vie courante (récit, lettre, portrait, description); durée : cinquante minutes.

2° Une dictée de dix lignes au plus, ne comportant que des mots usuels, suivie de questions (quatre au plus) relatives à l'intelligence du texte (explication du sens d'un mot, d'une expression ou d'une phrase, analyse d'un mot ou de plusieurs mots); durée : quarante minutes.

3° Deux problèmes d'arithmétique pratique et de système métrique, avec solution raisonnée; durée : cinquante minutes.

4° Une composition ou des questions portant, au choix de l'Inspecteur d'académie :

Soit sur l'histoire et la géographie,

Soit sur les connaissances scientifiques usuelles : Applications élémentaires des sciences à l'agriculture, à l'industrie, au commerce, à la pêche maritime (selon les cent~~~s) pour les garçons; à la vie ménagère pour les filles; à l'hygiène (pour les deux sexes); durée : quarante minutes.

5° Pour les garçons, un exercice très simple de dessin linéaire ou d'ornement (ou un exercice de travail manuel);

Pour les filles, deux exercices de couture usuelle, dont l'un pourra être remplacé par un exercice très simple de dessin; durée : cinquante minutes.

6° L'une des quatre épreuves écrites, désignée par le sort après l'achèvement de la quatrième, servira d'épreuve d'écriture courante.

Tous les sujets sont choisis par l'Inspecteur d'académie dans le programme du cours moyen des écoles primaires élémentaires.

Art. 257. — Les épreuves de la première série ont lieu à huis clos sous la surveillance de membres de la Commission désignés par le président.

Les sujets de composition sont placés sous plis cachetés, qui ne sont ouverts qu'en présence des candidats.

Les compositions portent en tête et sous pli fermé les noms et prénoms des candidats, avec l'adresse de leur famille. Le pli n'est ouvert qu'après l'achèvement de la correction des copies et l'inscription des notes données pour chacune d'elles.

Art. 258. — Les différentes épreuves sont notées de 0 à 10 conformément à l'échelle suivante : 0, nul; 1 et 2, mal; 3 et 4, médiocre; 5, passable; 6, assez bien; 7 et 8, bien; 9 et 10, très bien.

La note 0 est éliminatoire.

L'épreuve d'orthographe ne comporte qu'une note. Cinq points sont attribués à la dictée et cinq aux questions. Mais toute faute grave dans la dictée enlève un point et le zéro de la dictée est éliminatoire.

La note de chacune des trois autres épreuves écrites est abaissée d'un point si l'orthographe est mauvaise, de deux points si elle est très mauvaise.

Chacune des compositions est corrigée séance tenante par les membres d'une des sous-commissions prévues à l'article 255.

L'indication de la note est portée : 1° en tête de chaque copie; 2° sur un tableau dressé à cet effet.

Ne sont admis aux épreuves de la seconde série que les candidats qui, n'ayant pas de note éliminatoire, ont obtenu au moins 20 points pour les quatre premières épreuves et au moins 30 points pour l'ensemble des épreuves de la première série.

ART. 259. — Si le nombre des candidats admissibles est tel que l'examen ne puisse être terminé en une seule journée, on les divise en deux ou plusieurs groupes dont le premier, composé des candidats étrangers au centre d'examen, subit séance tenante les épreuves de la seconde série, tandis que les autres, composés des candidats résidant au centre, subiront ces mêmes épreuves le lendemain ou les jours suivants.

Les épreuves de la seconde série comprennent :

1º Des interrogations portant :

Sur l'histoire et la géographie lorsque la quatrième épreuve de la première série a porté sur les connaissances scientifiques usuelles;

Sur les connaissances scientifiques usuelles lorsque la quatrième épreuve de la première série a porté sur l'histoire et la géographie;

2º Un exercice de lecture expressive suivi de questions simples;

3º La récitation d'un morceau choisi sur une liste présentée par le candidat et, s'il le désire, l'exécution d'un chant choisi dans les mêmes conditions;

4º Un exercice de calcul mental;

5º Un exercice très simple de gymnastique.

Chaque épreuve est subie devant une des Sous-Commissions prévues à l'article 255.

La durée de l'ensemble des épreuves de la deuxième série ne doit être ni inférieure à vingt minutes ni supérieure à vingt-cinq minutes pour chaque candidat.

ART. 260. — Les épreuves de la seconde série sont publiques, mais le président peut prendre toutes mesures utiles pour faire régner l'ordre et le silence durant les opérations de la Commission.

Ces épreuves sont notées de 0 à 10, comme celles de la première série.

La note 0 est éliminatoire.

L'exercice facultatif de chant peut relever de 1 à 3 points, selon qu'il est assez bien, bien ou très bien exécuté, la somme des notes obtenues pour l'ensemble des épreuves de la seconde série.

Les candidats peuvent présenter à la Commission un cahier de devoirs mensuels et un livret scolaire permettant d'apprécier leur assiduité, leur conduite et, d'après les notes et places de compositions, les résultats de leur travail. L'examen de ces documents permettra de relever de 1 à 3 points, selon qu'ils seront jugés assez bons, bons, très bons, la somme des notes obtenues pour l'ensemble des épreuves de la deuxième série.

Ne sont définitivement déclarés aptes à recevoir le certificat d'études que les candidats qui, n'ayant pas de note éliminatoire, ont obtenu au moins 8 points pour les deux premières épreuves et au moins 25 points pour l'ensemble des épreuves de la seconde série.

Les mentions « assez bien », « bien » et « très bien » seront respectivement attribuées à ceux de ces candidats qui, pour l'ensemble des épreuves de la première et de la deuxième série, auront obtenu un total de points au moins égal à 66 (mention assez bien), à 77 (mention bien), à 88 (mention très bien).

Fait à Paris, le 19 juillet 1917.   STEEG.

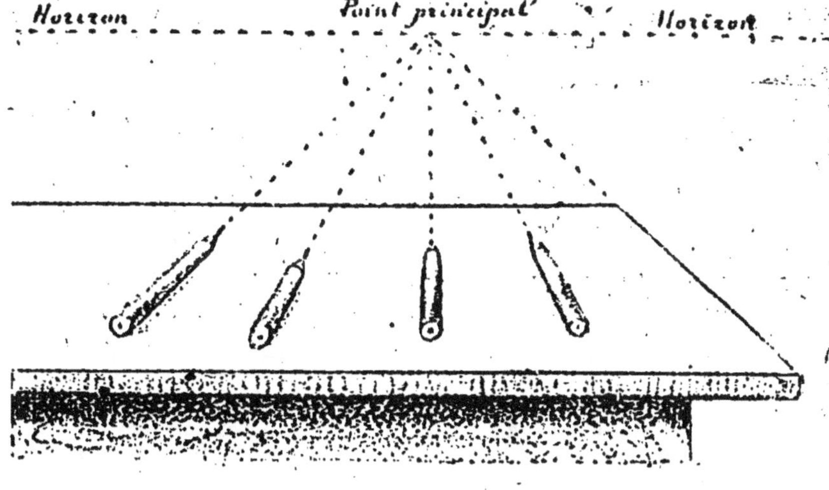

Exemples de perspective. — (Figures extraites du cahier n° 10.)

GYMNASTIQUE

1er Examen.

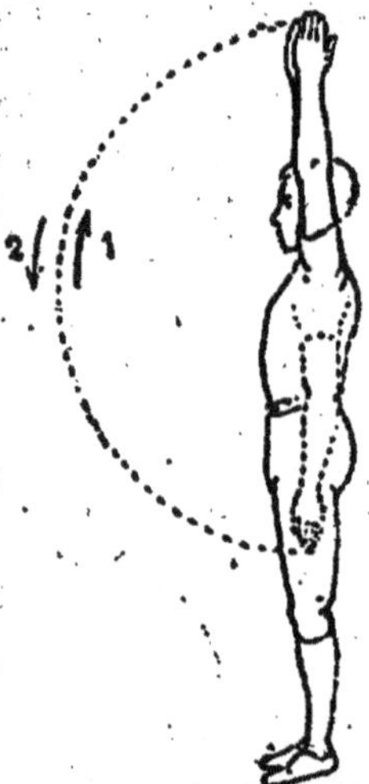

Élévation verticale des bras,
en deux temps. (E. p. 4.)

2e Examen.

Fente en avant,
jambe tendue. (E. p. 8.)

3e Examen.

Élévation horizontale des
bras. (E. p. 11.)

4e Examen.

Demi-flexion des
membres inférieurs. (E. p. 14.)

5· Examen.

6· Examen.

Élévation latérale des bras.
(E. p. 17.)

Circumductions simultanées des bras.
(E. p. 21.)

7· Examen.

8· Examen.

Élévation et extension de la
jambe. (E. p. 24.)

Élévation latérale des bras
en 3 temps. (E. p. 29.)

GUIDE
DU CERTIFICAT D'ÉTUDES
PRIMAIRES ÉLÉMENTAIRES

LIVRE DU MAITRE

PREMIER EXAMEN
ÉPREUVES ÉCRITES (Garçons).

I. — RÉDACTION

Sujet. — *Le mois de juin.* Description de ce qui se passe autour de vous : les prés, les bois, les oiseaux, les insectes, tout est en fête. Que pensez-vous de ce mois ?

DÉVELOPPEMENT

C'est le mois de juin, la nature est en fête. Le soleil, haut sur l'horizon, darde ses puissants rayons sur la terre couverte de verdure. La vie est partout intense, le ciel est d'un pur azur.

La plaine, à perte de vue, offre aux regards des couleurs jaunes, dorées ou vertes. Les luzernes, les sainfoins, les trèfles sont en fleurs ; on va bientôt faner. Les champs de blé, d'orge, d'avoine, de seigle semblent onduler sous le léger souffle de l'air.

Les bois qui bordent l'horizon ont revêtu aussi leur parure d'été. Les feuilles nouvelles couvrent les branches, donnant à l'ensemble des arbres une teinte vert-clair sur laquelle se détache le feuillage plus sombre des sapins et des pins.

1. — G. DU CERT. D'ÉT. — Maître.

Dans les champs, l'alouette fait entendre son cri bref et sonore ; les hirondelles, revenues, parcourent l'espace à tire-d'aile et semblent infatigables. Les bois sont habités, on entend partout le chant des oiseaux ; c'est l'hymne à la vie, au bonheur.

Les insectes mêmes prennent part à la vie générale. Les abeilles bourdonnent et vont cueillir le suc des fleurs ; les fourmis, toujours au travail, traversent lentement le terrain, chargées de fardeaux ; les papillons volent de tous côtés, les moustiques abondent autour des mares.

Le mois de juin est le mois béni, c'est le mois où la nature a repris toute sa splendeur. Le soleil se lève très tôt et semble se coucher à regret très tard dans la pourpre de l'horizon. Il verse à flots sa chaleur sur les êtres et leur communique à tous sa force et sa vigueur. Plantes et animaux sont à cette époque en plein épanouissement.

Le mois de juin, pour la nature, c'est l'âge de trente ans pour l'homme, c'est-à-dire l'époque où, chez celui-ci, la vie atteint la plus grande intensité.

C'est toujours avec le plus vif plaisir que, chaque année, je vois revenir le beau mois de juin.

II. — ORTHOGRAPHE

DICTÉE

Les enfants et l'étoile.

Suzanne s'approcha de la fenêtre. Sa mère l'y suivit et la prit dans ses bras. La nuit était tranquille et chaude. Une ombre transparente baignait *la fine chevelure de l'acacia* dont nous voyions les feuilles tombées former des *traînées blanches* dans notre cour.

Alors, dans le silence, dans l'auguste silence de la nuit, Suzanne parla à l'étoile.

Ce qu'elle disait n'était pas composé de mots. C'était un parler obscur et chantant, un chant étrange, quelque chose de doux et de profondément mystérieux, ce qu'il faut enfin pour exprimer l'âme d'un bébé quand un astre s'y reflète.   A. FRANCE.

Réponses aux questions.

1. Expliquez : *la fine chevelure de l'acacia, traînées blanches.*

R. *La fine chevelure de l'acacia :* on compare le feuillage très découpé de l'acacia à la chevelure très fine d'une personne. En effet, cet arbre présente des lignes de petites folioles ajustées de chaque côté d'une ramure centrale.

Traînées blanches : les fleurs d'acacia sont blanches et, lorsqu'elles tombent, elles forment des amas blanchâtres. Qu'une légère brise s'élève et elles se dispersent dans le sens du vent en longues traînées blanches.

2. Cherchez un nom s'appliquant au mot *étoile* et qu'on peut employer à sa place.

R. On peut employer le mot : *astre.*

3. Analysez grammaticalement : *ce qu'elle disait.*

R. *Ce,* pron. dém. sing. neutre sujet de *était composé.*

Qu', mis pour *que,* pr. relat. sing. neutre comp. direct de *disait.*

Elle, pron. pers. 3ᵉ pers. fém. sing. sujet de *disait.*

Disait, verbe trans. forme active, 3ᵉ pers. sing., imp. de l'indic. 3ᵉ Groupe.

III. — ARITHMÉTIQUE

1. Un train express part de Beauvais à 10 h. 13 minutes du matin et arrive à Paris à 11 h. 30; il s'arrête deux fois en route, une minute à Méru et une minute à Beaumont. La distance de Beauvais à Paris étant de 79 kilomètres, quelle est la vitesse moyenne du train par heure?

SOLUTION

Temps passé du départ de Beauvais à l'arrivée à Paris :
$$11 \text{ h. } 30 - 10 \text{ h. } 13 = 1 \text{ h. } 17.$$

Temps de marche :
$$1 \text{ h. } 17 - 2 \text{ m.} = 1 \text{ h. } 15.$$

1 h. 15 minutes font 75 minutes.

Vitesse du train à l'heure :
$$\frac{79 \times 60}{75} = 63 \text{ km. } 200.$$

R. 63 km. 200.

2. Un vigneron estime que la gelée a détruit les $\frac{2}{5}$ de sa récolte

et qu'une grêle qui survient ensuite détruit les $\frac{2}{3}$ du reste. Il

fait encore 23 hectolitres de vin qu'il vend 35 francs l'hectolitre.
Quelle aurait été la valeur de sa récolte sans la gelée et la grêle?

SOLUTION

Valeur des 23 hectolitres restants.

$$35 \times 23 = 805 \text{ francs.}$$

La grêle a détruit les $\frac{2}{3}$ des $\frac{3}{5}$ de la récolte, soit les $\frac{6}{15}$

ou les $\frac{2}{5}$ de la récolte.

La gelée et la grêle ont donc détruit :

$$\frac{2}{5} + \frac{2}{5} = \frac{4}{5}.$$

Il ne restait plus que le $\frac{1}{5}$ de la récolte. D'où la valeur de
la récolte primitive était :

$$805 \text{ fr.} \times 5 = 4025 \text{ francs.}$$

R. 4025 francs.

IV. — AGRICULTURE

Sujet. — Le fumier. Ses principes fertilisants. Sa valeur. Sa
préparation. Comment doit-on entretenir le fumier?

DÉVELOPPEMENT

Le fumier est formé de déjections animales, mélangées à la
paille ou litière. Il constitue l'engrais le plus complet et le moins
coûteux. Il sert en même temps d'amendement.

Les principes fertilisants du fumier sont les suivants : Sur
1000 kilos, il contient : *4 kilos d'azote, 2 d'acide phosphorique,
4 de potasse et 4 de chaux.* Il est la base de toute bonne culture. Sa valeur dépend de la manière dont il est soigné. Bien
tenu, il est une richesse inappréciable pour le cultivateur.

Les plantes des céréales forment la meilleure litière pour les
bestiaux; mais on a tort de rejeter les fanes de pois, de haricots,
de pomme de terre, de colza, d'œillette. Il est bon de saupoudrer
la litière avec un peu de phosphate ou de superphosphate.

Les étables et les écuries doivent être nettoyées tous les cinq ou
six jours au moins. Le fond de la fosse à purin sera rendu imper-

méable. La hauteur maximum du tas doit être de 1 m. 50. Le fumier doit être piétiné par les animaux domestiques. Insuffisamment tassé, il blanchirait et perdrait de sa valeur. Il faut arroser souvent le fumier. Il faut surtout activer la transformation des matières azotées en un sel blanc, qu'on appelle carbonate d'ammoniaque. Il est bon de répandre aussi, à la surface du fumier, du plâtre ou du superphosphate. Il est prudent aussi de l'abriter.

V. — DESSIN

Dessiner 2 circonférences concentriques dont l'une sera moitié plus petite que l'autre. Décorer l'espace compris entre ces deux circonférences avec des feuilles de rosier. (Une feuille sera donnée à chaque candidat.)

VI. — ÉCRITURE

Écriture jugée sur l'épreuve de rédaction.

ÉPREUVES ORALES

I. — HISTOIRE ET GÉOGRAPHIE

1. Que savez-vous de Charles-Martel et de sa lutte contre les Arabes ?

R. Charles-Martel était un maire du palais, qui vivait au VIIIe siècle. A cette époque, l'invasion des Arabes, venus d'Asie en passant par l'Afrique du nord et l'Espagne, menaçait la France. Le choc eut lieu entre Charles Martel et les Arabes à Poitiers, en 732, et les lourds guerriers du nord battirent les légers cavaliers arabes. Charles lutta avec le plus grand courage et mérita ainsi le surnom de Martel ou *marteau des Infidèles.*

2. Que vous rappelle la date de 1453 ?

R. Cette date rappelle la prise de Constantinople par les Turcs et la fin de l'Empire grec d'Orient. On y fait terminer l'époque du moyen âge et commencer les temps modernes. C'est vers cette époque, en effet, que se produisent les découvertes et les inventions qui vont changer l'aspect du monde. Cette date indique aussi la victoire des Français sur les Anglais, à Castillon en Guyenne. C'est la fin de la guerre de Cent ans.

3. Énumérez les principaux travaux de l'Assemblée nationale constituante de 1789.

R. Cette assemblée abolit les privilèges, rédigea la Déclaration des droits de l'homme, divisa la France en départements, réorganisa entièrement toutes les administrations, établit la monarchie constitutionnelle et la Constitution civile du clergé.

4. Dites ce que vous savez du cours de la Seine. Villes arrosées.

R. La Seine est un fleuve tranquille, à débit régulier, grâce à la perméabilité du sol sur lequel elle coule, et par suite favorable à la navigation. Elle prend sa source dans la Côte-d'Or, passe à Troyes, Montereau, Melun, Charenton, Paris, Saint-Denis, Mantes, Vernon, Rouen, et se jette dans la Manche par un estuaire entre le Havre et Honfleur.

5. Aspect du sol de la Normandie. Que trouve-t-on dans les prés et les champs?

R. Le sol de la Normandie présente des collines boisées, surtout au sud-ouest; des plaines vertes et grasses, divisées en champs destinés à la culture, ou en prés, que bordent des haies. Les prés dans lesquels paissent de belles races de vaches et de chevaux — et surtout les champs — sont souvent plantés de nombreux pommiers, avec les fruits desquels on fabrique un cidre renommé.

II ET III. — LECTURE EXPRESSIVE ET RÉCITATION

La source.

Par une chaude journée d'été trois voyageurs se réunirent auprès d'une fraîche source, à laquelle ils se désaltérèrent. Ils virent une pierre sur laquelle étaient tracés ces mots : « Ressemble à cette source. » Les pèlerins lurent cette inscription et se demandèrent quelle en était la signification. « C'est un bon conseil, dit l'un d'entre eux, un marchand : le ruisseau coule sans cesse, reçoit l'eau d'autres sources et devient une grande rivière; c'est ainsi que l'homme doit suivre son chemin en amassant des richesses. — Non, dit le deuxième voyageur, un jeune homme, à mon avis, cette inscription signifie que l'homme doit conserver son âme aussi pure que cette source. » Le troisième voyageur, qui était un vieillard, sourit et dit : « Ce ruisseau donne gratuitement à boire à ceux qui ont soif ; il apprend à l'homme qu'il doit faire le bien, à tous indistinctement, sans compter sur la reconnaissance. »

Réponses aux questions.

1. Qu'est-ce qu'une *fraîche source?*

R. Une *source* est une échappée d'eau provenant des entrailles de la terre. En général, l'eau venant ainsi du sol est d'une grande fraîcheur. Il y a pourtant aussi des sources d'eaux chaudes ; on les appelle sources thermales.

2. Quelle est la racine du mot *amassant?* Donnez des mots de la même famille.

R. La racine est *amas*, venant de *masse*. Mots de la même famille : *amasser, masse, massue, ramasser,* etc.

3. Pourquoi doit-on faire le bien sans compter sur la reconnaissance?

R. On doit faire le bien, parce que c'est un devoir à accomplir. Si l'on ne le faisait qu'en escomptant la reconnaissance, l'action n'aurait plus la grande valeur morale qu'elle a. Faire son devoir parce que c'est le devoir, sans en attendre aucune récompense, est un sentiment élevé.

IV. — CALCUL MENTAL

Calculer le prix de 15 douzaines d'œufs à raison de 0 fr. 25 l'œuf.

SOLUTION

Si un œuf coûte 0 fr. 25, 4 œufs coûteront 1 franc. Dans une douzaine, il y a 3 fois 4 œufs, le prix d'une douzaine sera donc 3 francs.

Le prix de 15 douzaines sera 3 fois 15 ou

$$30 + 15 = 45 \text{ francs.}$$

V. — GYMNASTIQUE

Élévation des bras à la position verticale (deux temps).

DEUXIÈME EXAMEN

ÉPREUVES ÉCRITES (Filles).

I. — RÉDACTION

Sujet. — *Mon vieux cahier*. Vous venez de retrouver un de vos anciens cahiers, un de ceux sur lesquels vous vous êtes essayée à « faire des bâtons » et à former vos premières lettres.

Vous décrirez ce cahier; vous direz quels souvenirs il éveille en vous.

A ce cahier, vous comparerez ceux qui vous servent maintenant. Réflexions que cette comparaison fait naître en vous.

DÉVELOPPEMENT

Ce matin, en furetant au grenier, j'aperçus une petite caisse vermoulue qui éveilla au plus haut point ma curiosité.

J'enlevai la couverture et, au milieu de vieux papiers, je découvris un cahier, mon premier cahier sur lequel j'avais, de mes mains inhabiles alors, tracé des bâtons et ébauché quelques lettres.

Sur la couverture jaunie par le temps, je lus en caractères imprimés le nom de la commune et au-dessous, écrits de la main de l'institutrice, mes nom et prénoms. Je pris ce cahier et je l'emportai dans ma chambre, où nombre de réflexions vinrent alors m'assaillir...

Tout d'abord, je vis des bâtons maigres et tremblants, maladroitement tracés pour imiter la tenue raide et correcte du jambage imprimé en marge comme modèle. Plus loin ces bâtons se resserraient baucoup plus, remontaient vers le haut du cahier, descendaient aussitôt après et semblaient vouloir s'accrocher désespérément les uns aux autres, pour finir en une mêlée confuse affectant la forme d'une large tache d'encre.

Je me souviens que l'institutrice me fit remarquer mon applitation au commencement de ma tâche et mon empressement à la finir. Je résolus d'être plus régulière, et je tins parole, car les autres pages étaient beaucoup plus soignées et renfermaient toutes les lettres de l'alphabet.

Comme j'avais déposé ce cahier sur ma table, l'occasion se présentait d'elle-même de comparer mon travail d'autrefois avec celui d'aujourd'hui. Mes jambages d'antan font triste figure à côté

TABLE DES MATIÈRES

Ordre alphabétique
des 80 sujets de RÉDACTION (Maître¹).

¹ Nous avons cru bon, pour la commodité des maîtres, d'indiquer a page du sujet dans le livre de l'élève.

Ordre alphabétique des 80 DICTÉES [1]

[1] Chaque dictée étant suivie de questions pouvant être données en devoir, nous avons indiqué la page du livre de l'élève.

Sujets d'ARITHMÉTIQUE

Sujets de VIE MÉNAGÈRE

Sujets d'ENSEIGNEMENT MARITIME

Sujets d'ÉCONOMIE DOMESTIQUE

TABLE DES MATIÈRES

Sujets d'AGRICULTURE

E.	M.	E.	M.	E.	M.	E.	M.	E.	M.
2	4	49	108	87	200	124	285	154	355
23	49	58	131	99	229	136	313	159	370
44	94	81	185	118	271	141	327		

Sujets de SCIENCES USUELLES

E.	M.	E.	M.	E.	M.	E.	M.	E.	M.
31	65	96	223	157	363	188	435	197	454
41	88	109	252	172	398	191	442		
81	194	145	335	175	406	191	449		

Sujets d'HYGIÈNE

E.	M.	E.	M.	E.	M.	E.	M.	E.	M.
69	155	105	243	178	412	204	469	216	497

Sujets d'HISTOIRE ET DE GÉOGRAPHIE
(Épreuves écrites)

E.	M.	E.	M.	E.	M.	E.	M.	E.	M.
6	11	89	207	130	298	175	405	213	489
19	42	96	222	133	306	181	419	218	504
34	73	103	237	138	320	187	433	225	519
40	87	109	251	145	334	191	441	231	533
46	100	114	264	150	348	194	448	235	541
77	179	121	277	156	362	201	461	241	564
84	193	127	291	163	377	207	475	251	578

Sujets d'HISTOIRE ET DE GÉOGRAPHIE
(Épreuves orales)

E.	M.	E.	M.	E.	M.	E.	M.	E.	M.
3	5	53	117	93	216	154	356	222	512
10	11	59	132	100	231	160	371	228	527
16	21	62	140	106	245	166	384	238	550
23	50	66	148	112	258	178	413	242	558
26	57	69	156	118	272	184	428	248	572
31	66	72	164	124	286	197	455		
38	81	75	172	136	314	204	470		
44	95	81	186	142	328	210	483		
50	109	87	201	148	342	216	498		

Sujets de COUTURE

E.	M.	E.	M.	E.	M.	E.	M.	E.	M.
6	12	62	140	103	238	139	321	210	482
16	35	66	148	106	244	148	342	213	490
19	42	69	156	112	257	151	349	216	497
26	56	72	164	115	264	163	378	219	505
34	74	75	172	121	278	169	391	231	534
38	80	78	180	127	291	178	413	235	542
47	101	90	208	130	296	181	420	242	557
53	116	93	216	133	307	207	476		

Table des 80 examens de DESSIN (Maître)

Sujets de CALCUL MENTAL

E.	M.	E.	M.	E.	M.	E.	M.	E.	M.
4	7	57	126	107	247	155	358	205	472
8	15	60	134	110	253	158	365	208	478
11	22	61	143	113	260	161	373	211	485
14	29	67	150	116	266	164	380	214	492
17	37	70	158	119	274	167	387	217	500
21	45	73	167	122	280	170	394	220	507
24	52	76	174	125	287	173	401	223	515
29	60	79	182	128	294	176	408	226	522
32	68	82	189	131	298	179	415	229	529
36	76	85	196	134	309	182	422	233	537
39	82	88	203	137	316	186	430	236	544
42	90	91	211	140	323	189	437	240	553
45	97	94	218	143	330	192	444	243	560
48	104	98	226	146	337	195	450	246	567
51	111	101	233	149	344	199	457	249	574
54	119	104	240	152	351	202	464	252	581

Exercices de GYMNASTIQUE

Le commandement étant indiqué, par une légende, au bas de chaque exercice, par conséquent, pour l'étude ou la revision d'un ou de plusieurs mouvements, il suffira au maître d'indiquer la page de l'examen au livre de l'élève.

Textes de LECTURE EXPRESSIVE ET RÉCITATION

(Ordre alphabétique des 80 morceaux, avec l'indication de la page des réponses aux questions du livre de l'élève.)

	E.	M.		E.	M.
1 Abeille (l') et la mouche.....	115	265	5 Avare (l') (Balzac).	205	471
2 Aide (l') (Lamennais).....	112	259	6 Avare (l') et son valet (Molière).	106	246
3 Alouette (l') (Michelet).....	175	407	7 Beauté (la) de la nature.....	75	173
4 Ane (l') (Buffon).	149	343	8 Blé (le)......	219	506
			9 Bœufs (les)....	47	102

Morceaux choisis pouvant servir de RÉCITATION

AVIS

Le volume complet est envoyé franco contre réception de 7 francs en mandat-poste (majoration comprise).

38 320. — Tours, impr. Mame.

www.ingramcontent.com/pod-product-compliance
Lightning Source LLC
Chambersburg PA
CBHW061345050726
47595CB00005B/2082